Made in the USA
Coppell, TX
02 December 2019

12242552R00066